Td 59
   37

Td 59/37

LES
FIÈVRES D'ACCÈS

DANS LA

VALLÉE DE LUTZELBOURG

(MEURTHE).

Par N. P. SCHWING,

DOCTEUR EN MÉDECINE DE LA FACULTÉ DE PARIS, A PHALSBOURG.

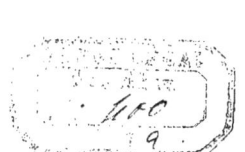

STRASBOURG,
IMPRIMERIE DE G. SILBERMANN, PLACE SAINT-THOMAS, 3
1852.

LES

FIÈVRES D'ACCÈS

DANS LA

VALLÉE DE LUTZELBOURG (MEURTHE).

Dans la pratique médicale, chaque fait est un élément dont les rapports avec les lois de la science doivent être consciencieusement recherchés, ce qui fait que, pour l'homme de l'art, chaque malade devient et une question particulière d'humanité et un objet d'incessantes combinaisons scientifiques.

Si, sous ce double point de vue, le fait isolé déjà possède une incontestable importance, bien plus grande encore sera la signification des faits collectifs, des faits portant sur des populations tout entières.

C'est ouvrir un des chapitres les plus intéressants de la pratique que d'aborder la question des épidémies; aussi toute tentative dans ce sens, de quelque point qu'elle parte, doit-elle, par avance, rencontrer ses encouragements, ainsi que ses garanties contre la critique.

Or, dans les études sur les épidémies, une grande

place doit être accordée aux fièvres d'accès, que leurs formes variées, que leurs tendances diverses affectent souvent d'un redoutable caractère de gravité.

Placé depuis peu sur un vaste champ d'observations, je ne puis résister au désir d'émettre, sur cette importante matière, quelques considérations particulières, auxquelles un travail ultérieur plus précis pourra donner un peu plus de valeur.

Tout le monde sait qu'il est peu de contrées dans lesquelles on ne puisse observer des fièvres d'accès; tout le monde sait encore que certaines localités, plus malheureusement partagées, sont tout spécialement éprouvées par ces maladies, qui y atteignent des proportions épidémiques.

Il est souverainement rationnel de faire ressortir, de prime-abord, les différences tranchées qui existent entre les fièvres sporadiques et les fièvres épidémiques.

Les fièvres d'accès sporadiques peuvent être envisagées comme des affections primitives, avec manifestation symptomatique immédiate, non nécessairement liée à une intoxication miasmatique.

En effet, qu'un agent atmosphérique, le froid, la chaleur; qu'une émotion vive impressionne profondément l'économie, aussitôt la réaction, si elle n'aboutit pas à un état congestionnel déterminé, pourra revêtir un caractère intermittent variable.

Sans chercher à expliquer la nature intime de la maladie, que la physiologie à peu près impénétrable du système nerveux laisse encore un point obscur dans la science, on peut admettre que les fièvres d'accès se lient intimément aux centres nerveux, sinon par un état organopathique évident, du moins par une altération physiologique des plus manifestes. Une des meilleures preuves que l'on puisse apporter à l'appui de ce fait, c'est ce qui se passe dans les lésions traumatiques de la moelle. Le blessé éprouve presque toujours, à des distances sensiblement égales, et indépendamment des exacerbations éventuelles, des alternatives de frisson et de chaleur. Le frisson part habituellement du point lésé de la moelle, se porte, avec une grande rapidité, dans une direction centrifuge. Longtemps encore, après la disparition des conditions d'acuité de la lésion médullaire, il se produit des frissons plus ou moins rapprochés. Ayant essuyé, il y a quelques années, par suite d'une chute de haut, une lésion de la moelle épinière des plus graves; de plus, éprouvant encore, à intervalles presque réguliers, des frissons qui partent toujours du point du rachis primitivement blessé, je puis reposer les faits que je mentionne sur une personnelle compétence. Or, le frisson fébrile, dans les fièvres d'accès, partant habituellement du fond de la nuque, ne serait-on pas autorisé, par le fait de l'importance vitale et de l'impressionnabilité si grande du bulbe rachidien, par le fait de ses rapports intimes avec la moelle et l'encéphale, dont il est l'intermédiaire obligé, enfin par le fait de sa participation constante à toutes les influences subjectives et objectives; ne serait-on pas autorisé, dis-je, à faire jouer à cet organe un grand rôle dans ces maladies? De là la maladie rayonnerait en sens divers, supérieurement en affectant l'encéphale de céphalalgie, inférieurement en procurant aux membres leur lassitude douloureuse, aux viscères leurs altérations, d'abord fonctionnelles, puis organiques.

Dans la manifestation épidémique des fièvres d'accès, les choses ne se passent pas tout à fait ainsi, c'est-à-dire que la maladie, dans ses conditions originelles, dans son évolution subséquente, peut affecter d'autres manières d'être.

Quand, au lieu de diverger en conséquences variées, la cause pathogénique persiste à réveiller, chez tous les sujets qu'elle intéresse, le même appareil symptomatique, il faut assurément reconnaître, au fond de cette cause, l'existence d'un élément spécifique dont l'activité s'exerce toujours invariablement dans la même direction.

C'est cet élément spécifique qui constitue, par son extension, l'agent épidémique.

Par son intensité diversement graduée, il crée les fièvres intermittentes simples, les fièvres intermittentes anomales, les fièvres intermittentes pernicieuses, enfin les fièvres rémittentes avec toutes leurs déviations.

C'est par l'intoxication qu'il procède, par l'intoxication, phénomène complexe dont il est bon d'examiner de près les manières d'agir.

Le miasme végétal, par opposition au miasme animal, qui suit une autre direction pathologique; le miasme végétal, dis-je, possède une double origine. D'une part, les alluvions intactes emprisonnent de nombreux éléments végétaux, pour ainsi dire gazéifiés, auxquels les grands remuements de terrain donnent un libre essor; d'autre part, le contact prolongé des substances végétales et de l'humidité des eaux fangeuses produit, avec le concours de l'air ambiant, une véritable fermentation putride dont les produits vont au loin porter des germes morbides.

Il faut ajouter, pour compléter une importante question d'étiologie, que, d'après des recherches toutes récentes, la chaleur seule serait souvent une cause puissante de fièvres d'accès, de sorte qu'on serait autorisé à penser que les trois *éléments*, la terre, l'air et le feu, se donnent la main pour conspirer ensemble contre la santé publique.

Cependant il faut se hâter d'ajouter que, toute vraie que soit cette cause nouvelle, en Algérie surtout, où j'ai pu moi-même vérifier le fait, il ne faut envisager la chaleur que comme une cause limitée, éventuelle, qui ne peut, sans des conditions miasmatiques formelles, agir dans un sens épidémique.

Le miasme, après son éclosion, s'incorpore aussitôt à l'air, son véhicule habituel, puis, en suivant une marche que modifie une multitude de conditions atmosphériques, il entre dans l'économie par les voies digestives et respiratoires.

Le mode d'action du miasme sur l'économie peut être diversement envisagé : la présence dans l'air d'éléments gazeux et moléculaires qui modifient les propriétés vitales en changeant les conditions physiques et chimiques de ce fluide; la combustion pulmonaire graduellement ralentie, ainsi que l'hématose; enfin l'implantation dans le sang d'éléments nuisibles, telles sont les circonstances les plus habituelles qui caractérisent l'intoxication et ses funestes conséquences.

Le liquide sanguin triplement altéré par l'absorption d'éléments spontanément toxiques, puis par la persistance de principes non brûlés que des fonctions incomplètes sont devenues impuissantes à expulser; enfin, par l'action réciproque de ces deux ordres d'agents, le liquide sanguin acquiert une activité déviée qui, s'exerçant sur les centres nerveux et provoquant de leur part une réation insolite, devient une cause nouvelle de troubles et de désordres.

Ainsi, et en général, l'élément le premier intéressé serait le sang; l'élément nerveux le serait en second lieu.

A partir de ce moment, alternativement cause et effet de leurs troubles réciproques, ces deux systèmes agiraient dans une série de phénomènes voilés, au sein desquels se passe, sans doute, le mystérieux fait de l'intermittence.

Jusque dans ces derniers temps, on ne connaissait en France que trois contrées spécialement atteintes de fièvres d'accès à l'état épidémique ou endémique.

A la suite de la Brenne, de la Sologne, de la Bresse, se place un foyer d'infection nouveau, qui mérite quelque attention de la part de la science et de l'administration.

Lützelbourg, un des principaux villages du canton de Phalsbourg, situé dans une vallée du versant nord-ouest des Vosges, était autrefois un lieu de santé, de prospérité, de plaisirs.

Aujourd'hui, triste et silencieuse, la vallée, à la place de riants aspects, n'offre plus qu'un sombre tableau de misères. Les rares habitants que l'on rencontre çà ou là, par leur teint splénique et anémique, par la langueur de leurs allures, accusent une population profondément frappée par quelque longue et tenace maladie.

Il y a une dizaine d'années, de gigantesques travaux exécutés à Lützelbourg ont, pour ainsi dire, bouleversé de fond en comble la disposition des lieux. Tandis que le chemin de fer de Paris à Strasbourg comblait les ravins, perçait les montagnes, le canal de la Marne-au-Rhin ouvrait les entrailles de la vallée.

Aussitôt il se fait un profond changement dans l'état matériel et moral du pays, car l'époque à laquelle Lützelbourg se laissait séduire par des rêves de grandeur, fut celle de sa ruine, et aujourd'hui, privé de ses terres vendues à l'état, privé de travail, privé de santé, il n'est pas un seul habitant de ces tristes lieux qui ne préfèrerait, après une cruelle expérience, le Lützelbourg caché, ignoré d'autrefois, au Lützelbourg actuel, partout affiché station du chemin de fer de Paris à Strasbourg.

Tout d'abord n'apparurent que des cas isolés de fièvre intermittente, sans gravité. A partir de 1846 seulement, acquérant une extension soudaine, la maladie prit un caractère endémique qui, jusqu'à ce jour, alla gagnant en surface et en profondeur : c'est que, aux émanations malveillantes des terrains déplacés, sont venues se joindre les émanations plus malveillantes encore des eaux stagnantes, fangeuses du canal en repos.

Il est manifestement reconnu que la sphère d'activité des effluves marécageux varie suivant le degré de température, de calme, d'hygrométrie de l'air, suivant les climats, suivant la disposition topographique des lieux.

Or, sous ce dernier rapport, Lützelbourg est, on ne peut plus malheureusement partagé : situé dans un renflement en forme de croissant qu'exécute la vallée en se fermant de toutes parts, dominé de tous côtés par des montagnes élevées, le village gît comme au fond d'un vase infect.

Le renouvellement de l'air, en de telles circonstances, est impossible. Les seules conditions aérodynamiques consistent en de simples mouvements oscillatoires, en de partiels déplacements, qui ne font que mobiliser les effluves, sans les évacuer jamais.

De plus, la montagne qui forme la circonférence interne de notre croissant et que dominent des ruines féodales, est traversée par un tunnel qui relie, comme ferait une corde d'arc, les deux extrémités du croissant.

Ce tunnel humide, vaseux, multiplie les surfaces évaporantes, et, vidé plusieurs fois le jour par le passage des convois, ajoute encore aux conditions miasmatiques de la vallée, en formant, pour ainsi dire, avec elle, un cercle vicieux ou vicié, qui ne fait que plus étroitement étreindre ses victimes.

L'influence particulière que j'attribue à ce tunnel est, on ne peut plus palpable; non-seulement ce sont les employés de la voûte qui sont le plus souvent aux prises avec les fièvres, mais encore ce sont les maisons les plus voisines qui comptent le plus grand nombre de malades, qui possèdent la mortalité la plus grande.

Au milieu d'un tel concours de circonstances, on comprendra facilement l'accumulation forcément croissante des miasmes: l'atmosphère toxique pèse et grandit de plus en plus, le vase finit par déborder et verser son excédant sur les localités circonvoisines.

C'est ainsi que sont infectés les habitants de Garrebourg, des Barraques-de-Lützelbourg, des Barraques-du-Haut, des Trois-Maisons, même de Henridorff, toutes localités que, malgré leur situation élevée, le mal visite à domicile.

Ces cas frappants de migration des effluves sont dignes d'être placés à la suite de ceux que citent tous les auteurs et dans lesquels les principes marécageux ont été portés jusqu'à 500 mètres en hauteur et plus loin encore en direction horizontale.

A Lützelbourg, on trouve la réalisation de la plupart des détails qui caractérisent les affections paludéennes en général; en effet, il est facile de se convaincre que les exhalations prennent un redoublement d'activité à la fin de l'été et en automne, saisons qui trouvent généralement les eaux stagnantes plus basses, réduites à leurs seuls éléments fangeux, que le contact de l'air fait entrer plus activement en travail de fermentation, et dont il exprime une plus grande abondance d'effluves. C'est aussi le soir, après le coucher du soleil, alors que les vapeurs dispersées par la température du jour se condensent vers la terre, que leur influence est le plus à redouter.

Qu'une cause engendre des effets en rapport direct avec son intensité, c'est-à-dire que l'action délétère des émanations miasmatiques provoque des phénomènes pathologiques variant avec son énergie, cela est d'une incontestable vérité. La fièvre intermittente avec ses types divers, la fièvre pernicieuse avec ses variations, enfin, la fièvre rémittente avec tous ses écarts : telle est la progression qu'a suivie l'endémie de Lützelbourg, les conditions paludéennes n'ayant fait que grandir, dans les dernières années surtout.

Jusqu'en 1851, la maladie s'est, chaque année, réveillée, à peu près, avec les mêmes caractères, avec les mêmes allures.

C'étaient toujours les types divers de la fièvre intermittente, avec prédominance cependant du type tierce.

L'an dernier, la marche habituelle des choses changea, et tout à coup, vers la fin de l'été et pendant l'automne, la maladie prit un caractère pernicieux des plus tranchés.

D'abord on remarquait un ensemble symptomatique grave, qui succédait généralement à quelques accès de fièvre tierce, mais sans prédominance d'aucun symptôme en particulier ; seulement l'attention se fixait ensuite, par l'apparition de sueurs tellement abondantes, qu'en peu de temps toutes les parties du lit des malades en étaient pénétrées.

Cependant les malades avaient froid, leurs forces étaient instantanément épuisées; le pouls était d'une petitesse extrême, l'intelligence généralement conservée; la mort arrivait promptement.

A cet ensemble de traits, il est facile de reconnaître *la forme diaphorétique de la fièvre intermittente pernicieuse*, et c'est avec le plus grand tort, que l'on a donné à cette épidémie le nom de *suette ou de fièvre suante*.

La suette, en effet, n'est autre chose qu'une fièvre éruptive accompagnée de sueurs copieuses, d'une éruption miliaire plus ou moins apparente et quelquefois de douleurs épigastriques. Cette maladie, à l'instar des autres fièvres éruptives, a une période d'incubation, une période d'éruption et une période de dessiccation; elle se manifeste dans les localités exemptes de caractère marécageux.

La fièvre pernicieuse diaphorétique, au contraire, exige, comme condition préalable, l'élément paludéen; elle est précédée de quelques accès généralement tierces, ou bien accompagnée d'autres fièvres intermittentes. Quand les stades du paroxisme passent inaperçus, il existe généralement un symptôme dominant du coma, de la convulsion, de la douleur, symptôme dominant qui vient s'ajouter aux sueurs excessives.

Cependant la forme diaphorétique de la fièvre intermittente pernicieuse n'est pas la seule qui ait été observée, l'an passé, à Lützelbourg : la forme algide, caractérisée par un froid intense, par la face cadavéreuse, une soif vive, une voix éteinte, un pouls petit, irrégulier; la forme algide, dis-je, y a été rencontrée aussi.

Il est vrai de dire que la forme algide de la fièvre intermittente pernicieuse ne doit être envisagée que comme l'exagération du premier stade fébrile, car les malades succombaient promptement quand ils demeuraient longtemps sous le coup de l'algidité, tandis que la vie se prolongeait quand il se manifestait un stade subséquent.

Enfin, pour terminer le tableau de cette épidémie, il faut mentionner les quelques exemples de fièvre intermittente pernicieuse *comateuse*, de fièvre pernicieuse *délirante*, de fièvre pernicieuse *convulsive*, enfin, de fièvre pernicieuse *cholérique*, qui ont été également observés à Lützelbourg.

Cependant jamais l'activité miasmatique n'avait été portée à un degré aussi élevé qu'en l'année 1852; aussi les conséquences en ont-elles été comparativement plus graves.

L'épidémie commença de nouveau par l'apparition plus ou moins générale de la fièvre intermittente, particulièrement du type tierce, puis survint la fièvre rémittente, qui ne tarda pas à se généraliser.

La maladie, dès son début, affectait quelquefois le caractère rémittent; mais le plus généralement elle commençait par présenter l'appareil symptomatique des fièvres intermittentes ordinaires, ensuite les accès, se prolongeant ou se rapprochant de plus en plus, finissaient par se confondre et dégénérer en fièvre rémittente.

Il n'est donc pas tout à fait irrationnel de considérer la fièvre rémittente comme le degré plus avancé de l'influence marécageuse, comme l'aboutissant habituel, nécessaire des fièvres intermittentes activées par un surcroît de cause.

Un sentiment de débilité générale, de lassitude douloureuse dans les membres, d'oppression dans la région précordiale; la perte totale de l'appétit accompagnée d'un état saburral prononcé de la langue; des nausées, des vomissements verdâtres, des borborygmes avec constipation ou diarrhée; des élancements douloureux dans la région cervicale de la colonne vertébrale; enfin la présence d'une douleur tantôt vive, tantôt obscure du côté de la rate, du foie, de l'estomac, tel était l'ensemble le plus constant des symptômes.

Toutes ces conditions étaient dominées par un état fébrile intense que l'exacerbation presque constante du soir rendait chaque fois plus intense encore, et qu'une rémission nocturne amendait généralement, après quelques heures, par un état de moiteur plus ou moins prononcé.

Il arrivait quelquefois que les alternatives d'exacerbation et de rémission demeuraient obscures, presqu'imperceptibles; aussi s'est-il commis de graves erreurs de diagnostic et de traitement, par suite de la confusion de cet état de choses avec la fièvre typhoïde.

Et cependant, malgré d'incontestables points de contact entre la fièvre rémittente avancée et la fièvre typhoïde, il existe entre ces deux maladies des différences tellement tranchées, que, les yeux fermés, on les distinguerait encore.

En effet, dans la fièvre typhoïde il est des phénomènes précurseurs d'une signification non douteuse ; ainsi, une céphalalgie continue, des bourdonnements dans les oreilles, des épistaxis, précèdent généralement de loin la maladie. A côté du mode particulier d'invasion se placent les allures spéciales, avec lesquelles la maladie poursuit son évolution : des taches particulières, pour ainsi dire pathognomoniques, apparaissent dans des points déterminés du corps ; jamais il n'y a d'exacerbations périodiques ; les fonctions cutanées sont supprimées. Enfin l'âge, l'absence d'invasion typhoïque antérieure, peuvent compléter les éléments de diagnostic.

La fièvre rémittente, de son côté, se caractérise dans son essence par des exacerbations généralement à trois stades et presque toujours saisies par un esprit attentif, dans son développement, par un début intermittent, par sa coïncidence avec d'autres fièvres intermittentes.

Des données aussi accentuées ne permettent donc point de confondre, un seul instant, la fièvre typhoïde avec la fièvre rémittente.

De plus, des observateurs sérieux ont, dans ces derniers temps, constaté une exclusion formelle, une loi d'antagonisme entre la fièvre typhoïde et les affections paludéennes, de telle sorte que, dans une localité où règne celle là, on est par avance certain de ne point rencontrer celles-ci.

M. Boudin va jusqu'à avancer que des individus qui ont habité un pays à caractère marécageux prononcé sont d'autant mieux garantis contre la fièvre typhoïde, qu'ils ont plus longtemps séjourné dans l'atmosphère marécageuse et qu'ils ont plus profondément subi l'influence de ce milieu.

M. le docteur Burckhardt, de Sarrebourg, dans son judicieux rapport sur l'épidémie actuelle, donne pleinement dans ce sens en appelant du nom de *fièvre rémittente paludéenne* ce que d'autres ont injustement nommé *épidémie de fièvre typhoïde*; aussi, plus conséquent que ces derniers, a-t-il pris pour base de son traitement le quinquina, par eux proscrit.

Seulement le docteur Burckhardt n'est pas encore assez sévère pour les quelques cas qu'il dit croire typhoïques et sur lesquels il regrette de n'avoir pas pu se procurer des renseignements nécroscopiques.

L'autopsie accordée, je le suppose, eût-elle donné des altérations intestinales manifestes, qu'elle ne témoignerait pas encore exclusivement dans le sens de la fièvre typhoïde, attendu que, dans les affections hectiques ou dans la période ultime des maladies graves, les viscères abdominaux s'offrent toujours plus ou moins profondément désorganisés.

Cependant, commencée au mois de juillet, portée à son apogée au mois d'août, enfin sur son déclin au mois de septembre, l'épidémie cessa au mois d'octobre, non pas par la disparition successive de tout vestige de maladie, mais dans ce sens que les conditions pathologiques se sont amendées en perdant ce que, pendant près de trois mois, l'influence miasmatique leur avait acquis d'exagéré, d'insolite.

Aujourd'hui, pour s'être calmée un peu, la tempête n'a pas entièrement cessé ses ravages, et l'on voit encore de nombreux cas de fièvre intermittente avec engorgement des viscères abdominaux, avec douleurs sourdes dans la colonne vertébrale, entretenir la désolation à Lutzelbourg : c'est que, malgré la marche de la saison, malgré la sage précaution de mettre le canal en eau, le mouvement morbide subit les conséquences de son impulsion initiale, ainsi que l'influence toujours actuelle d'une cause amoindrie.

Il n'est donc pas permis de fermer déjà les yeux sur la situation, alors qu'il existe encore 105 malades à Lutzelbourg même, ainsi qu'un grand nombre d'autres dans les localités voisines : aux Trois-Maisons, j'ai eu, dans une même famille, jusque 6 malades sur 9 personnes.

Une chose digne de remarque, c'est que les malades le plus profondément frappés en ce moment sont justement ceux qui ont été affectés antérieurement de fièvre rémittente et qui n'ont pas été traités par le quinquina.

Dans un prochain travail, je réunirai tous les éléments personnels que je possède déjà et que je posséderai encore, pour montrer tout ce qu'il faut de soins, de persévérance, pour guérir, malgré leur persistance dans un milieu vicié, des malades que des ressources individuelles devraient mettre à même de se déplacer ou, au moins, de se procurer plus de moyens de réaction.

J'aurai de nombreuses observations à produire à l'appui de l'efficacité thérapeutique spéciale des préparations de quinquina, des préparations antimoniales et ferrugineuses convenablement associées.

Je ne sais si je puis, à côté des considérations sérieuses qui précèdent, placer un détail des plus bizarres, pour ne pas dire des plus grotesques, qui m'a été communiqué par un habitant de Lutzelbourg, alors que, dans mes renseignements, je cherchais à savoir si, dans le village, on connaissait la véritable origine du mal qui l'afflige.

Or, notre brave homme m'apprit naïvement qu'un jour il était venu, par la vallée, une hirondelle blanche, pour s'emparer d'un des nids appendus aux croisées de l'église.

Poussées par l'instinctif sentiment de la propriété et de la solidarité conservatrice, les hirondelles noires, c'est-à-dire les hirondelles du lieu, s'assemblèrent pour éconduire, d'un commun accord, l'insolente étrangère.

Le lendemain de cet événement eut lieu, dans le village, le premier décès, et l'hirondelle blanche passa pour avoir importé l'épidémie.

Encore heureux les esprits que d'aussi naïves croyances dirigent ! Acceptant les événements de la vie comme provenant d'une mystérieuse origine, ils leur opposent généralement une résignation plus efficace que les démonstratifs dépits d'organisations plus savantes.

Ce coup d'œil rapide jeté sur l'état sanitaire de Lutzelbourg ne dit que trop combien grande encore est la misère qui pèse de tout son poids sur cette triste localité.

Le récit et la distance ne peuvent qu'infidèlement traduire l'impression produite par d'aussi pénibles conditions vues de près.

Et d'autant plus triste est l'aspect de ce sombre tableau, que l'émotion qu'il réveille est plus stérile; car, à côté de tant de maux, au lieu de remède immédiat, l'œil découragé n'aperçoit qu'un vide, qu'un dénuement des plus complets.

Plusieurs fois l'administration, justement soucieuse des populations malheureuses, a envoyé des secours à Lutzelbourg; mais que sont les plus généreux soulagements, quand ils n'ont pas pour mesure l'étendue et la durée du mal lui-même? Cependant l'espoir qu'ils laissent après eux, quand ils ont cessé, ne doit ni ne peut être trompé; aussi pensons-nous que le gouvernement réparateur qui nous régit portera un bienveillant regard vers les misères qui s'agitent si près de nous, pour faire, d'une vallée de douleurs et de larmes, un lieu de consolation et de reconnaissance.

Décembre 1852.

www.ingramcontent.com/pod-product-compliance
Lightning Source LLC
Chambersburg PA
CBHW070428080426
42450CB00030B/1828